JN418200

꽃이 진 백한 개의 강

백종록

꽃이 진 백한 개의 강

백종록

도서출판 디자인21

서 시

강은 살아있는 것들의 어머니
강을 따라 꽃은 피나니

푸른 하늘 맑은 바람 속에서 꽃은 피어나
은은한 향기와 고운 빛깔로
세상을 물들이다가

어느 날 갑자기
휘몰아치는 사나운 바람에

꽃은 쓰러졌다 일어나고
일어나다가 쓰러진 채

스러진 꽃의 애잔한 노래만 남고
흩날리던 꽃잎만
강물을 수놓네

돌이킬 수 없는
되돌아 흐를 수 없는 강물은

심연의 바다에 가 닿으리니
흐르는 강들은 떠나는 이의 슬픈 애가!

사랑하는 이의 뒷모습을 전송하던
멈추지 않고 흐르는 눈물만이
강으로 넘쳐 넘쳐 강들을 애도하나니
강은 슬픔이며 보내는 이의 진혼곡!

흐르는 강들의
그 끝에 서 있는
검푸른 바다는
영원한 죽음일지 또 다른 생일지
그 누구도 알 수 없음이여!

1일째 (2024.4.14.일)

하얀 꽃잎
무수히 흩날리는
먹구름 가득한 하늘에

거센 비바람 몰아치고
천둥과 번개가
하늘과 땅을 갈라놓았네

꽃으로 왔다가
사나운 비바람에 꺾여 버린
사랑하고 사랑하는 사람아

그 넋이 떠나가면
꽃피던 들판 황무지 되고
세상은 종말을 고하네

그대 떠난 지독한 슬픔이
퍼붓는 장대비 되어
일렁이는 황토물로 잠기게 하고

그 참을 수 없는 고통이
펄펄 끓는 지옥 불 되어
아우성치는 불바다가 되게 하리

헤아릴 수 없는
세월이 지나
이 세상 아닌 딴 세상 되면

그 넋이 진 자리에
하얀 꽃이
다시 피고

꽃은 그 아름다움으로
떠나간 넋을 위해
기도하리라

꽃은 그 향기로움으로
사라지지 않은 넋을
부르고 부르리라

2일째 (24.4.15.월)

미야!
나 혼자 돌아온
너 없는 우리 집이 낯설다.
숨이 멎고 정신이 아득해져
금방이라도 쓰러질 듯 위태롭다.

너 없는
혼돈의 이 공간에서
안절부절 못하다가
누나들과 함께 대구로 떠나고
누나들 실없는 이야기에
괜찮다 하지만 가슴은 저절로 흐느낀다.

꿈속을 거니는 듯 ,
현실은 무감각하고
오직,
남아있는 하나
그리움만 깊어간다. 깊어간다.

3일째 (24.4.16.화)

미야!
누나들 모두가 함께하는
점심 식사 자리에
우리 둘 중 한 사람만이 빠진 적이
한 번도 없는 가족 모임에서

네가 없다는 것이 도무지
현실로 받아들여지지 않는다.

언제나 내 옆자리에서
밝게 웃던 다정했던 모습과
행복했던 기억들이 쉴 새 없이 떠올라
홀로 눈시울이 붉어져
잠시 자리를 떠난다.

너와 함께라면,
얼마나 행복할까?

다시 찾고 싶은 그 순간들!
되돌리고 싶은 그 시간들!

정녕 이대로 끝나 버린 건가?

네 얼굴은 보이지 않지만
어디선가, 어디쯤에 네가 있을까 하여
기다린다. 기다려본다.

오후 햇살에
눈이 시리다.

눈물 가득
반짝이는 햇빛 너머
네가 보인다.

4일째 (24.4.17.수)

미야!
새벽 1시
잠이 깨 무심결에 너를 찾는다.

없다!!

일 순간, 시공간이 사라진 듯
깊은 정적만이 흐른다.

멈춰 서버린 적막한 밤
공허함의 나락으로
끝없이 빠져든다.

허무,
시간, 중력, 차원… 결국 신인가…?
모든 것이. 허황되고 허망하고…
없음의 한가운데서.

언제까지 밤 일려나?
헤어날 길 없는 밤.

치를 떤다.

도무지 참기 힘든 이 밤도
이렇게 시간이 지나면
아침은 오겠지?

그럼, 또 네가 없는 그 아침은
어떻게 견딜 것인가?

다시,
네가 이 세상에 없다는 것이
믿기지 않는다.

나는 바란다.
난 바라보지 못하지만
네가 이 세상 어딘가에서
나를 보고 있을 것을.

영원히
나와 함께 있을 것을.

5일째 (24.4.18.목)

문상, 조문.

여러 사람들의 위로 글들이
올라올 때마다 마음이 찢어진다.

기억하는 것,
잊혀지지 않는 것,

그 아픔만이

내 가슴을 선연하게
선홍빛으로 피 흘리게 한다.

너무너무 보고 싶다
나의 미야

6일째 (24.4.19.금)

나-129-04
낯선 번호 앞에 선 나는
하염없이 눈물이 난다.
외롭고 외롭다.
보고프고 보고싶다.

미야! 미야!
가만히 널 불러본다.

네 따뜻한 마음에 기대어
어디서 널 찾으면 찾을 수 있을런지
눈물로 물어본다.

네 그리운 얼굴에 입맞춤하며
떠나던 모습 그대로
내게로 돌아올 수 없냐고
대답 않는 네게 애원한다.

네 두 손을 꼭 잡고
너와 같이 떠나면 안 되냐고

그것이 죽음인들 무슨 상관이냐고
간절히 기도한다.

가슴이 미어진다.
너의 흔적들은 지워지지 않는다.
너무나 생생하게 다가온다.

너를 찾아본다.
따스해진다. 느껴진다. 네가.
가슴이 쿵쾅거린다.

멀리서 네가 오는가?
그립다. 미친 듯이.
미야! 미야!

7일째 (24.4.20.토)

혼자다.

홀로 산길을 걷는다.

늘 곁에서 느껴졌던 네 숨결은

어디로 흩어졌는지?

누구보다 겁 많았던 겁쟁이가

겨울 산 그 험난한 곳도

따라와 주지 않았던가?

나를 믿고, 나를 의지하고, 나를 선택해서.

그런 너를,

나는 지켜주지 못한 것인가?

이 세상에

혼자 살아가는 것이,

너 없이 살아가는 지금이

정녕 현실인지?

나 는 홀 로

알 수 없는 세계에
정착한 외계인인가?

미야!
봄비에 젖은 황령산은 안개로 덮여 있다.
수많은 사람들이 바라보던
광안리 앞 바다도 지금은 오리무중.

존재란? 보이는 것?
또는 보이지 않아도 있는 것?

미야!
너는 어디에 있나? 천국에?
거기선 여기가 보이지 않나?
여기서 애타게 너를 찾는 내가 보이지 않나?

안개에 덮여 있는
황령산에서 널 찾고 있다!
미야!

8일째 (24.4.21.일)

주일, 거제교회에서 예배를 본다.
너 있던 내 옆자리
예배 보던 자리가 텅 비어 있다.

천국은? 이 세상의 허무는?
나는 기도를 끝마치지 못한다.
그냥 일어선다.

혼자 걸어 나온다.

나 - 129 - 04
여전히 낯선 이곳에서
널 본다.
아니, 보고 싶다.

비가 온다.
춥지? 미야!
살포시 내리는 비에 젖는다.
우산도 없이.

그런 그녀를 뒤로하고
떠나는 나….

내가 미워진다.

9일째 (24.4.22.월)

미야,
네 앞에 서서
네 사진을 바라본다.

보고 또 봐도
미소가 아름답다.

너와 내가 함께 찍은 사진인데
너만 쏙 빼서는
덩그러니 걸어놨네.

미야가 예뻐서? 내가 못나서?
그래 다 맞는 말이네.

이 못난 놈이
사진에서처럼
너를 내 곁에 붙잡아 두지 못했네.

그렇네.

잠든 너.
이제 다시는 돌아오지 않겠지.
영영, 영원히!

오지 않는 너!
볼 수 없는 너!

아, 이것이 나의 슬픔이다.
이것이 참을 수 없음이다.
이것이 나의 비극이다.

10일째 (24.4.23.화)

미야!
오늘 곰배령 가는 길에
정동진을 찾았다.

바다는 그대로인데
사람 사는 곳은 많이도 달라지고
그 바닷가 초당순두부집은 없어졌네.

미야! 기억하지?
초당순두부. 참 맛있게 먹었지?
그 겨울 이른 아침 새해 해맞이하고
언 손 호호 불며 찾은 초당순두부집.

오늘 그 맛이 아른거려 어렵게 찾았는데,
바다가 보이는
옛날 그 집은 찾을 수 없고

상점들 뒤 골목길에 있는

한 집을 어찌어찌 찾았건만

그 맛 있었던 입맛은 사라지고,

가슴 한 켠을 도려내는
아련한 추억만 남았네.

11일째 (24.4.24.수)

미야!
이른 새벽에
우리 설악산 대청봉 산행하고 내려와
땀 씻고 휴식했던
오색 온천에 다녀왔다.
탄산 냉수 온천이 있던 곳, 생각나지?

그 가을
정말 인산인해라는 말이
무색할 정도로 많았던 등산객들,
대청봉 인증 사진도
줄 서서 기다려 찍었지?

참 산행 많이도 다녔다.
고마워! 늘 함께 해줘서.

마지막 입원 전
함께 가보자고 했던 곰배령!
그 산길을 혼자 걷는다.

생태관리센터에서 5.1km.
함께 산행할 때
평지 등산길은 4km를 1시간에,
힘든 길은 2km를 1시간에 걸었으니
힘든 코스가 아니라니
늦어도 1시간 30분이면 도착할 듯.

추적추적 비 내리는 산길에
보라색 노란색 들꽃들이
미야가 참 좋아한 들꽃들이
눈에 밟힌다.

슬픔은 극복할 수 없는가 보다.
그저 잠기는 대로 둘 수밖에.

우산 받쳐 들고 오른 곰배령엔
황령산에서처럼 안개만 자욱하다.
꽃 안 핀 천상의 화원
곰배령은 쓸쓸하기만 하다.

미야, 네가 있는 천국엔
웃음꽃이 만발했으려나?

신록! 연초록 여린 잎들이
이제 그 새순들을 내보이고 있네.
미야가 이때를 가장 좋아했지. 그렇지?

이 호젓한 산중에
저만이 홀로 핀 진달래!
미야가
나를 반기는 듯 예쁘다.

예쁜 미야다!

그런 미야를 두고
단지 몇 발짝 앞만 보이는
안개 속 오솔길을 따라 홀로 걸어 내려온다.

수많은 군상들 나무들과는
인사도 않은 채,

스쳐 지나가는 인연들, 무슨 상관이랴?

미야 없는 이 세상은
끝없는 고통,
어디에도 기쁨은 없다.

하산길, 홀로 걷는다.
그저 산목숨이니 어쩔 수 없이,
그렇게 생각 없이 내려간다.

산다는 것이 무엇이길래?
이렇게 허망한 짐만
가득가득 이고 지고
살아가야 하나?

12일째 (24.4.25.목)

새벽 2시.
보고 싶은 미야!

간절히 보고 싶어서
가슴 아픈 흔적이 남아 있는
나-129-04로 간다.

쉬지 않고 5시간을 내리 달려
사랑스런 그녀와 마주 본다.
눈으로 볼 수 없다면
마음으로 보아야 하나?

미야!
그녀는 내가 왔다고
생글생글 웃고 있을까? 지금.

나는
마주 선 그녀에게 고백한다.
'정말 당신 없인 살 수 없다고…'

그래도 여기 잠시 있는 시간엔
마음이 평안해!
네가 있으니까.

미적미적 돌아서
길 위에 서면

금방이라도
주저앉아 버릴 것 같은 막막함에,
주체할 수 없는 허무함에,
허우적거리고 지쳐간다.

아 아 돌이킬 수 없는 시간이여!
우리들의 세계여!

13일째 (24.4.26.금)

항상 내 곁을 지켜주던 너를
이렇게 만나러 와야 하는구나?

아직도 믿기지 않는 이 현실 앞에서
무너진다.

와르르르. 와르르르.
내 모든 것이.
내 전 생애가.

똑 똑 똑, 미야!

오늘
살아남은 내가
사랑하는 내 온 마음을 담아
국화 두 송이를
미야 사진 옆에 꽂아둔다.

'미야! 더 예뻐 보이네.'

운다.

서럽다, 보고 싶다, 그래서 운다.

치유가 되지 않는 시간 속에

깊이깊이 잠겨

나는 어디론가 정처 없이 흘러가고 있다.

그때가 언제 일런지

알 수 없지만

흐르다 멈추겠지.

멈출 때, 그때 내 생도 끝나겠지.

14일째 (24.4.27.토)

미야!
몽골은 지금이 초봄이란다.
오늘 아침 기온 영하 7도, 낮 최고 영상 6도.
하늘은 맑고, 햇빛은 쨍쨍한데
낮은 길어서 저녁 8시쯤에 해가 진다네.

몽골로 홀로 떠나온 나는
맞지 않은 옷을 입은 듯 불편하다.
아무것도 아닌데도 허둥대는 모습에서
순간순간 네가 없음을 절감한다.

이 먼 이국땅에
나는 무엇 때문에 여기에 와 있을까?
이 의문 부호가
이 여행의 소회이고 전부가 아닐까?

스페인 여행처럼
몸 상태를 봐가며,
우리 갈 수 있을까 조바심 내며,
예약을 할까 망설이고 있던 몽골 여행.
그때 처음 다리에 마비 증상이 왔지.

그래서
너 떠나고
나 혼자만 떠나온 여행.

너를 떠나서, 너를 찾아가는 여행이랄까?
아니! 그냥, 무작정.
무슨 의미가 있을까? 의미는 없어.

우리들은 어디론가 가고, 떠나고,
어떤 때는 정처 없이 떠밀리기도 하고,
또는 가만히 있고 싶어도 기약 없이
머물도록 놔두지 않지.

너도 떠나고 나도 떠나면
낯선 어떤 곳에서는
널 만날 수 있지 않을까?

떠나면 그 어디에서는
서로를 볼 수도 있지 않을까?

끝 모르게 펼쳐진 초원에서라면…
미야!
바람만이 우리 사이를 막고 있을 뿐,

우린 서로를 향해
기쁨의 손짓 할 수 있지 않을까?

저 아스라이 먼 곳으로
떠나버린 네 영혼
나를 휩쓸고 지나간
한 줄기 바람이었나?

이 광활한 대지 저 끝자락에
한 줌 흙으로 살다가
한 줄기 바람에 쓸려 버리는 먼지,
'이게 내 인생이지.'

너의 마지막 모습을 기억하는
이 무참한 통증으로 고통받다가
허무의 심연에 빠져 허우적거리다가

바람이 불면
바람이 불어가는 곳,
거기로 너를 찾아가야지.

바람이 되어.
먼지가 되어.

15일째 (24.4.28.일)

미야

너의 아픔을 기억할게.
아픔 속에서도
잃지 않은 웃음을 기억할게.

나날이 달라지는 몸
무너져가는 가슴 부여잡고
울음을 참고 견딘
생의 마지막을 기억할게.

지옥의 마음을 닫고
그것을 발판으로 딛고 일어선
너의 자유로웠던 영혼을 기억할게.

너무도 간절히
구원의 손길을 구하였으나
부르심에 순종한
너의 기도를 기억할게.

넌 떠났으나
난 널 보낼 수 없어

너의 삶이
나의 삶이었으니

희미해져 가는 의식의
마지막 순간까지
널 기억할게.

16일째 (24.4.29.월)

미야!
여기 테를지 게르촌에는
서리가 하얗게 내렸네

아침부터 햇빛은 강렬한데
공기는 차갑다.
미야가 좋아하는 날씨지?

나지막이 불러보는 네 이름!
수 없이 되뇌이는 네 이름!

밤새 뒤척이고도
이 아침, 또 그립고 그립다.

17일째 (24.4.30.화)

미야!
수도 울란바토르에는 몽골 인구의 반인
150만여 명이 살고 있다네
그래서인지 교통 정체가 지옥이라는군.
사람들은 모여 살기를
좋아한다는 뜻이겠지.

저마다 끼리끼리 모여
사진 찍기 바쁜
징기스칸 광장에서
나 혼자 떨어져 앉아
이국의 외로움을 진하게 느낀다.

이제 돌아가면 그곳에서도
수많은 군상들 틈에 끼여
어찌할 바 모르는
외로움에 지쳐갈 나를 본다.

매일 매일을 참고 견뎌야 하는
이 잔인한 숙명을 거부하고 싶다!

사실,

정말 살고 싶은 것인지?

내게 물어본다.

그런 건가?

다시 물어본다.

18일째 (24.5.1.수)

미야!
먼 이국땅에서
더 간절해진 그리움에
너 있는 곳으로
한걸음에 달려간다.

와서, 너를 껴안는다.
있는 힘껏.
보고 싶었다고, 그리웠다고!

미야!
여기가 아니더라도,

이 세상 아닌
다른 어떤 곳에서라도,

우연히라도
만날 수 있다면

새까맣게 속이 다 타더라도

기다리고 기다릴 수 있는데,

발이 부르트고 피가 나도록
널 찾아다닐 수 있는데

우리가 이렇게 헤어져
다시 만날 수 없다는 것이

나는 참을 수 없다.
견딜 수 없다.

죽을 만큼 고통에
몸서리친다.

19일째 (24.5.2.목)

(미야!
오늘은 승호도 옆에 서서
널 바라본다.
하얀 국화도 예쁘게 포장해서
네 앞에 놓아두고.)

말없이 날 보는
네가 미워진다.

기어코 나를 두고
떠나 버린
나의 사랑

그리움만 깊어가는
나의 구속

내 삶을 삶답게 했던
나의 정열

보고 싶고, 보고 싶어

가슴을 뛰게 하는
나의 젊음

마음 둘 데 없어
떠난 너를 찾아 헤매는
나의 방황

오직 너를 기다리며
간절히 기도하는
나의 순수

나의 모든 것이고
나의 의미인
나의 미야

20일째 (24.5.3.금)

삶은 한순간이고
죽음은 영원인데,

시작과 끝을 알 수 없는
길고 긴 영원함 중에
찰나 같은
이 짧은 생에서

어쩌다 널 만나는
행운이 내게 왔을까?

네가 내 옆을 지켜줘
너무나도 행복하였음을

너 떠난 지금
점점 더 사무치게 사랑하고 있음을

가슴 미어지는 이별을
죽는 날까지 슬퍼하고 슬퍼할 것임을

언제까지나
내 마음속에는 네가 살아 있을 것임을

다시,
널 찾을 그 날을 기다리는
짙어져 가는 그리움만이
돌이킬 수 없는 병으로 깊어간다.

21일째 (24.5.4.토)

미야!
네가 사라진 이 세상은

숨 가쁘게 사는 세상 소리가
귓가에서 맴도는 벌레 소리 마냥
웅성 웅성대며
그저 귓가를 스쳐 갈 뿐이다.

미야!
너 없는 이 세상은

지나쳐 가는 길옆에서
소란스런 박수와 야유로 떠드는
3류 공연 무대!

그들끼리 울고 웃는
소란스러운 난장일 뿐이다.

무슨 관심이 있어 귀 기울이고
무슨 흥미가 있어 쳐다보고

무슨 즐거움이 있어 끼어들까?

미야!

너만이

나의 세상이었음을!

너의 웃음이

나의 행복이었음을!

너의 생이

나의 인생이었음을!

이 돌이킬 수 없는 후회가

네 가는 길에 뿌리는 나의 헌사!

견디지 못하고 고백하는

나의 고해성사!

22일째 (24.5.5.일)

미야!

미명이 어슴푸레한 새벽녘
네 마음을 아프게 한
가슴에 응어리진 단상들이 겹쳐 떠오르고

후회와 회한에 잠을 깬다.
몸서리친다.

나는 심장을 도려내는 심정으로
처절하게 고백한다.
참회한다.

폐부 깊숙이 터져 나오는
외마디 탄식만 계속되고
주먹으로 가슴을 쳐 깨부수고 싶은
목젖까지 꽉 막힌 이 답답함은

네가 없이는 다시는 풀리지 않겠지?
아님 잊혀지기라도 할까?

숨 막혀 두 눈 부릅뜨고
쓰러지기라도 하면,
한순간 이 지옥을 벗어나
섬광 속에서 널 찾아볼 수 있을까?

찾은 널 보고
용서를 빈다.

아프게 해서 미안하다고
용서하지 말라고.

23일째 (24.5.6.월)

미야!
너무 쓸쓸하다.
힘겹다는 말도 힘겹다.

시퍼런 멍이 든 가슴엔
온종일 몰아치는 칼바람으로
가쁜 숨마저도 더 쉴 수 없다.
목이 턱 막혀 움직일 수도 없다.

헛되고 헛된 이 기막힌 생
바람 속에 한 점 먼지 같은 삶
하찮고 하찮은 생의 시간들을
버텨내야 할 이유가 있나?

오늘, 내일, 그다음 날들을.

모든 것이 무너져
폐허가 된 마음속에는
오직 허무만이
허무하게 남아 있을 뿐인데.

24일째 (24.5.7.화)

외로움에 지친 이 마음,
쉴 데가 없다…

쓰러진 외로움 위로
고독한 밤만이
쓸쓸히 지나간다.

이 외로움
얼마나 오랫동안 견뎌낼까?
외로움에 지치면 죽음에 이를까?
외로움도 병이 되면
죽음에 이르겠지.

죽음은
또
얼마나 어둡고 고독한 밤일까?

25일째 (24.5.8.수)

아직은 어두운 밤,
밤의 이불 속에서 포근히 잠자는 너를
팔을 뻗어 더듬는다

아련하게 묻어나는
너의 체취, 너의 온기, 너의 감촉
온 힘을 다해 껴안는다. 너를,
빠져나가지 못하게
잃어버리지 않게.

오늘같이 선잠을 깨어
쉽사리 잠들지 못하는 날이면

살포시 나를 안아주며
행복한 목소리로
우리 오늘은 아무 생각 없이
늦잠 푹 자자던
미야가 있었는데…

넌 지금 어디에 있는가?

침울하게 가라앉은 어둠 속,
깊은 침묵에 빠진 너.

이대로 일어나면
이 허전한 마음 어떻게 할까?
무엇을 해야 할까?

어떻게 살아야 하나?

(카네이션 한 송이에 환하게 웃을
그대 모습 떠올리며,
정성스럽게 그대 가슴에 살포시 꽂아 본다.
꽃 한 송이에도 너무 화사할 그대 모습!
사랑스런 그대, 그리운 나의 미야!
그 사랑스런 모습
어찌해야 다시 볼 수 있으랴?)

26일째 (24.5.9.목)

오늘은 승호가 카네이션을 달아 줬네.
승호가 찾아줘 더 기뻤지?

하지만 이렇게 그대 앞에 선
우리들 모습은
참 너무나도 슬픈 날을 기억하는
쓸쓸한 장면이 되버렸네.

내 사랑 그대가
법적 권리와 의무가 없어졌다는 것을
신고한 날이기 때문이네.

도저히 헤어날 수 없는 심연 속으로
이름 지을 수 없는 울분은 침잠하고
슬픔, 슬픔만이 가슴을 찢어지게 하네.

슬픔의 저 밑바닥 끝에서 솟아나는
시뻘건 눈물이 앞을 앞을 가려
간신히 버티고 서 있는데도
그저 무관심한 세상은

일말의 감정도 없네.

미야!
나는 너를 떠나보낸 적이 없지만,
이 아픔, 이 상처를 도려내며
오늘은 네 앞에서 이렇게 기도한다.

나의 미야,
그녀를 천국에서도
가장 빛나는 자리에 있도록
은총을 내리소서!

27일째 (24.5.10.금)

먼 산이 짙은 어둠 속에 묻히고
홀로 남겨진 이 밤에
깊어가는
외로움과 그리움의 병

부모님 두 분을
일찍 여읜 것도 서러운데,
이토록 일찍 미야를…

서럽게 울고 있는 내게
그녀의 숨소리가 느껴지고
그녀의 향기가 묻어있는
사랑스런 손길이 닿는다.

생생히 되살아나는 그녀
애써 지울 수 없는 그녀

널 기억하는 것
널 찾아가는 것

그녀의 컬렉션 룸으로
따뜻한 위로
평안한 휴식
헌신과 사랑을 기억하는
작지만 소중한 공간을
만드는 이유이기도 하다

고요한 밤
평온한 잠이 든다.

네가 머물러 있기라도 하듯

28일째 (24.5.11.토)

미야!
누나 집 인근 금호강변 산책길
생각나지?

봄이 처음 목줄 풀고
마냥 즐겁게 뛰놀던
미야도 유난히 좋아하며
경쾌한 발걸음 신나는 목소리로
밝아오는 아침을 맞이했던 곳

오늘 비 오는
그 길을 홀로 걷다가

그때처럼 앞서간
네가 저 멀리서
내게로 오는지 찾고 있다.

비에 젖은 강물은
안개로 흐려져 가고
안개비에 젖은 나는

하염없이 강을 따라 걸어간다.

꽃이 피고 지는 강을 따라
생은 흘러가
그 모습 다시 찾을 수 없으니

이 슬픈 아침
네가 떠난 자리에 남아 있는
자욱한 안개 속으로
안개에 파묻혀 간다.

29일째 (24.5.12.일)

미야!

내가 네 앞에 서 있는 이 장면은
전에도 그런 적이 있었나?
곰곰이 생각하게 돼
그렇다면 이게 끝이 아니라는 거지!

만약 이 장면 전의 시간에서
널 다시 만난다면?

진짜 네가
데자뷔처럼 시간을 되돌려
돌아와 있을 순 없을까?

이런 일이
과연 수만 년 인간 역사에서
단 한 번도 일어나지 않았을까?

네가 떠나리라 의심은 했지만
네가 진짜 떠나가리라
믿지 않았어.

보낼 수 없는 널
나도 모르게 한순간 널 놓치고만
이 안타까움, 한스러움을
어떻게 벗어날까?

널 다시 볼 수 있는 순간은
일어날 수 없을까?
그럴까? 그렇겠지.

아, 시간이여!
돌이킬 수 없는 시간이여!

무릎 꿇고 애곡한다.
끝없이 통곡한다.

널 다시 볼 수 없는
앞으로의 시간을.

30일째 (24.5.13.월)

미야!
너 떠난 지 한 달
믿기지 않는 시간
시간은 그때 거기서 멈추었다.

고통으로 힘겨워하던 네 모습이
오늘도
내 가슴에 생생히 펄떡이면
인간이 느끼는
가장 원초적 감정의 모든 것들이
한꺼번에 들끓어 오르고

도저히 도저히
참지 못하는 슬픔의 울분이 넘치고 넘쳐
몸서리치며 눈물 흘린다.

시간이 멈추기 전
마지막 그 순간

네가 입 열어 보여 주려 했던 그 의미는

사랑하고 사랑했다고…
이제,
천국의 빛이 보인다고…

이생의 끝인사였음을.

억겁의 세월이 흘러도
잊지 못하겠지!

네 생애 전부를 내려놓는
그 가슴 아픈 작별의 모습

그것을 바라보는 비통함과 참담함
어떻게 지옥이라도
이보다 더 숨 막혀 할 것인지
형언할 수 있을까?

정직하게 살다가
끝까지 순종한

네게 주어진 자리가 있다면
아무리 못해도
거기는 천국일 뿐.

어여쁜 나의 아내여,
이생 또한 그대에게 주어진 것은
축복의 자리임에 틀림없을진대

어쩌다 이 같은 불쌍하고 애처로운
생의 마지막을 겪게 하고
그 운명을 감내하도록 내버려 두었는지?

남은 생에서의
이 내 여한은 어찌하시려는지?

이제
널 그리는 그리움만 남은 세월,
네게로 가는
기다림만 남은 세월

그 그리움을 어떻게 버틸까?
그 기다림을 무엇으로 참아낼까?

미야!
불러도 불러도 대답 없는 나의 미야.

31일째 (2024.5.14.화)

나비의 날갯짓에
이리저리 흔들리다가
낙엽 떨어지는 한 점 바람에
생과 사가 갈리는
허무한 인생

오늘 하루도
공허한 마음 가누지 못하고
떠난 그대 생각뿐!

그대!
나를 위해선 뭐든 기꺼이 해주던
예쁘고 착한 아내여!

마지막 잎새 마냥
내겐 너무나 소중했건만
한 줄기 바람
손 저어 멈추게 못 하고

그댈 떠나보낸
이 불행한 사내

이 현실을 믿을 수 없다.

그대 앉던 의자 다정하게 옆을 지키고
그대 보던 책들은 바람에 펄쳐지고
그대 요리하던 주방 기구들은
반짝반짝 윤이 나는데

모든 것이 그대로인
그대의 빈 곳을
오늘도 하염없이 지키고 있다.

언젠가는,
떠났으면 돌아오리라.
헤어졌으면 다시 만나리라.

그대,
내 아내여!

두근대는 조바심을 참으며
조그만 소리에도 귀 기울이며
뜬눈으로 밤을 지새우고라도

기다리고 기다릴게.
켜켜이 쌓이는 그리움과 함께.

32일째 (24.5.15.수)

맥심 모카 알커피를 즐겨 마시고,
헤이즐 커피 향을 정말 좋아했던
미야!

이젠 내가 카누 커피 한 모금에
당신을 떠올리고
진한 커피 맛에 취해

취중 진담
'그대만을 사랑한다. 사랑한다.'
고백한다.

33일째 (24.5.16.목)

오래전
뽀송뽀송 솜뭉치 같던 봄이
두 손으로 들고 즐거워하던
미야!

오늘, 끝내 못 봤던
보고 싶다던 봄이
합천 언니 집에서 데리고 왔다.

데리고 오는 차 안에서도
내내 날 빤히 보더니
안기고 핥고, 또 쳐다보고 안기고,
미야,
안 봐도 알겠지?

집에 오니까
우두커니 서서 현관 쪽으로 쳐다보다가
내 한번 쳐다보고…
또 그렇게 반복한다.

미야를 찾고 있는 거지!
우리 둘 중 한 사람이 없으면
봄이가 하는 습성대로.

봄이는 왔는데 미야는 왜 안 오지?

미야 없는 우리 집은 고요하다.
나도, 봄이도 아무 소리도 없다.
그저 소파에 우두커니 앉아 있을 뿐.

미야!
네가 없는 이 적막함,
이 허전함.

마침내 침묵을 깨고
흐느껴 우는 소리에

봄이가 와락 내게 안긴다.

34일째 (24.5.17.금)

미야!
당신 앞에 봄이가 와 있네.
당신 앞에서 두리번거리면서 있네.
봄이가 당신이 보였으면
수백 번 뽀뽀했을 터인데,
핥고 또 핥았을 터인데…

당신이 보고 싶어 한
봄이 오니까 좋지? 기쁘지?
오랫동안 당신 앞에서
다소곳이 있었는데

미야
아마 당신도 우리 곁에서
봄이를 쓰다듬고 있지 않았을까?

우린 늘 그렇게
같이 있어 왔으니까.
봄이랑 토닥토닥 거리며.

말이 없는 당신,
그럴 당신이 아닌데…

한 번만이라도 우릴 보고 웃어 줘!
한순간만이라도
우리 곁에 선 당신 음성을 듣고 싶어!

35일째 (24.5.18.토)

미야!
새벽 온천천 길을 걷다가
집으로 돌아오는 길에서 마주친
제주생고기 식당 유리창에서

정답게 앉은 우리 둘의 모습이
실루엣처럼 어른거린다.

창을 닦고 손으로 가려 안쪽을
두리번거리며 찾아보는
우리 둘.

영화 속 세상에서 가장 가슴 아픈 이별이
우리에게 일어나고
슬프고도 애처로운 마지막 장면이
우리 둘의 이야기가 될 줄이야!

유리창에 비춰지는 슬픈 영상에
흐르는 눈물.
영화는 끝났지만

못내 떠나지 못하는 내게

엔딩 크레딧이 다 올라가고
스크린에 다시 비치는
못다 한 영화의 마지막 한 컷

시간이 바뀐 후 다른 세상의 장면

너와 내가 두 손 꼭 잡고
서로 마주 보며
마냥 즐거운 이야기로
행복하게…

아! 나는 기도한다!
두 눈 꼭 감고, 두 손 꼭 모아.

그 시간이 오늘이기를!
그 세상이 내일이기를!
바뀐 그 날이 빨리 오기를!

36일째 (24.5.19.일)

오늘은 주일,
기도의 첫 대목에서
눈물만 눈물만 흐른다.

미야!
내 소중한 사람아!

당신이 떠나고 난 후
더욱 뼈에 사무치게 사랑하게 되니
이 가슴 아픈 사랑을
어떻게 설명해야 하나?

모든 게 바람에 날리는 먼지같이
하찮고 쓸데없는데
오직 그대만이 바람을 막아주는
외로운 나의 담벽.

왜 이생에서 그대에게
기회를 한 번 더 주시지 않으셨는지?
지켜보는 이의 가슴이 미어지도록

얼마나 애처롭게 살고 싶어 했는데!

미야
이제 천국에서는 어떤 꿈을 꾸고 있나?

"모두 알게 되리라 위대하신 주께서."

나도 알 그날이 오리라?
이 또한 하나님의 계획일까?

전지전능한 분의 계획을
그분이 이루려 하시는 일을

인간 세상에 사는 우리가 어찌 알랴?
알지 못하리! 알지 못하리!

이 가여운 인생아!
이 고독한 인생아!

천국의 빛을 따라간 그녀!
나의 미야!

다만 기도하리라!
빛이 된 그녀를 축복하소서!

37일째 (24.5.20.월)

미야!

오늘도 새벽의 온천천 길을 달린다.

너와 함께,

산청에서처럼.

정말이지 넌

강물을 거슬러 오르는 연어처럼,

생의 마지막 날 새벽,

기적 같이 깨어 일어난 것처럼

굳세고 굳센 의지를 지닌 불굴의 여인!

얼굴이 핼쑥해지는 통증과 부작용에도

솟아오르는 아침 해의

힘찬 기운을 받으려는 듯

해 뜨는

산청 덕천강변 길을

매일 같이 함께 달렸지.

겨울, 동트는 아침엔
털모자에 목도리, 마스크까지 쓰고
하얀 입김 흩날리며 뛰던 그 강변 길,

늦은 봄이면
밤꽃 향기 짙은 산길을 걸어 나와
아침 물안개 자욱한 그 강변 길을,

가을엔
축 처진 가지마다 노란 감들이
주렁주렁 익어가던 그 강변 길,

여름, 비 그친 아침
폭우로 넘실대는 물살에
징검다리마저 잠겨버린 그 강변 길을.

어깨를 나란히 하고
서로의 숨소리를 들으며
지겨워하지도 지치지도 않고
함께 뛰었지.

미야
우린 정말 늘 함께했었네!

서로를 끝까지 지켜주고 있었네!

아, 지금도 함께였으면…
이 지상에서 받은 천국의 은혜에
우린 얼마나 행복할까?

'머리카락 희끗한 노부부가 손잡고 길을 걷는
그 모습이 우리 둘이었으면' 하던

미야!
네 바람을
마침내 이루어 갔으리!

38일째 (24.5.21.화)

어떻게 이런 불쌍한 인생이 있을까?
소중한 사람을 잃자마자
자신이 무엇 때문에 사는지를
잃어버린 이런 인생.

어떻게 이보다 더 불행한 삶이 있을까?
모든 것을 다해 주던 이가 떠나자
할 수 있는 것이 없는,
그래서
아무것도 하고 싶지 않은 이런 삶.

미야!
너를 잃고 홀로 살아간다는 것은.
네가 떠나고 홀로 남겨진다는 것은.

39일째 (24.5.22.수)

내가 오늘을 살아남기!
그 살아가는 방법은?

당신을 따라 하기!
당신을 그대로 모방하기!
한 치의 오차도 없이
당신을 베껴 가는 것이지!

가계부도 쓰고, 안 쓰는 전기 코드는 뽑고,
봄이 이발도 하고, 목욕도 시키고,
손빨래도 하고, 끓는 물에 소독도 하고
욕조는 샤워 후 꼭 닦고,
아침마다 체중 재고, 과식하지 않고,
화장품은 얇게 펴서 바르고,
단추 잠그고 옷장에 걸어두고,
현관 도어락 보안 버튼도 잊지 않고,
영수증은 모아 둬야 하는데…
그것도 챙겨야겠네.
필요한 물건은 메모지에 적어두고

뭐든 불필요한 것 사지 않고,
아껴 쓰고, 저축하고,
아 참, 칫솔질 마지막엔 소금 가글 후에
당신 따라 혓바닥도 꼭꼭 닦고.

당신 따라
일상생활 거뜬하게 하는 거 맞지?

보고 싶은 당신 모습 그리며,
잊을 수 없는 당신 생각에,
당신과 함께하고 싶은 바람으로
이렇게 하는 거겠지.

봐!
당신은 늘 나와 함께 있는 게 맞지?
당신 없인 살 수 없지?

40일째 (24.5.23.목)

아침 산책길에서
'마마스 앤드 파파스의 캘리포니아 드리밍'
노래가 내 귓가를 스쳐 지나간다.

우리 서울 병원 가는 5시간 내내
차 안에서 듣던 음악 중
미야가 무척 좋아했던 팝송 곡인데,
그지?

추운 겨울날에 따뜻한 캘리포니아의
꿈을 꾸는 가사처럼

미야도 늘 가슴에 비수를 꽂고 있던
차갑고도 악랄한 병을 치료하는
그날을 꿈꾸며
더 좋아했던 듯싶다.

영화 중경삼림의 주제곡으로
음악도 좋았지만
영상도 꿈을 꾸는 듯

마음 한켠이 따뜻해지는 영화라
우리 몇 번이나 같이 봤었지?

또, 듣고 가는 음악 중에
새로운 곡이 나오면
꼭, “처음 듣는 곡인데… 듣기 좋은데 …”
하면서 칭찬도 아끼지 않고,

어느 날, 클래식과 팝송 위주의 USB에 담은
음악을 감상하고 가다가
‘은혜’, ‘주는 완전합니다’를 듣고서는
“이젠 찬송가도 녹음해 주네” 하면서
애정 어린 눈길로 쳐다보던
나의 미야!

나는 오늘도
당신 꿈을 꾸고 있는데
당신을 기다리는 꿈속에 있는데

당신은 무슨 꿈을 꾸고 있나?

41일째 (24.5.24.금)

사랑하는 사람의 숨 가쁜 고통을
홀로 지켜보며

시퍼렇게 날 선 칼에
폐부 깊숙이 찔리고 또 찔려
선혈이 낭자한
지옥의 한가운데에
서 있어 본 적이 있는가?

사랑하고 사랑하는 사람이
이생과 이별하는 순간을 지켜보며

빛을 향해 돌아서는 영혼을 잡지 못해
이글거리는 불꽃 속으로 뛰어들어
새까맣게 타버린 육체가
부서져 내리는 지옥에
저 혼자만 남겨져 본 적이 있는가?

피를 토하며 터지는 울음으로도
다 말할 수 없는 이 지옥

흐르는 눈물이 말라
피고름이 난다 해도
떠나지 않는 슬픔만이 가득한 이 지옥

피가 마르는 고통에 겨워
생을 포기하는 것으로
이 지옥을 벗어날 수 없는 지옥의 지옥

이 지옥은
사랑하는 사람에게
죄를 지은 사람에게 내린 벌

벗어날 수 없고
벗어날 의지도 없는
오직 하나 숙명의 형벌

기꺼이
피를 토하는 아픔과 슬픔에 힘겨워하며
서 있는 지옥,
서 있어야 하는 지옥

떠나버린 사랑의 사람은
영영 다시 오지 않지만

저만이 가슴을 찢으며
기다리고 기다리다
헐떡거리는 숨마저 멎어가는 지옥
숨 멎어야 하는 지옥

42일째 (24.5.25.토)

적막만 감도는 집에
우두커니 앉아서
컴컴한 창문을 바라본다.

그대를 바라보고
그대와 함께했던
일상의 기쁨과 미래에 대한 희망이
모두 사라진
빈 껍데기 인생만이 처량하게 남아 있네

오늘을 살아갈 의욕도 없고
어제를 돌아보는 안타까움도 없고
내일 뭘 할까 기대도 없고
미래에 어떤 바램도 없이

참 슬프고 허무한
그런 인생이
짙어가는 어둠 속에
처량하게 홀로 앉아 있네.

43일째 (24.5.26.일)

미야!
침대 한 모서리에 웅크려
잠자리에 들었다가
당신이 옆에 있는 듯 느껴지고
불현듯 당신이 아파하는 모습이 떠올라
숨을 쉴 수 없어 벌떡 일어선다.

내 어찌 당신의 그 고통을
다 알 수 있었으랴?
잠자는 내가 깰까 봐
숨죽여 고통을 참으며
뜬눈으로 밤을 지새우기 일쑤였을
나의 사랑!

하여 나는 당신이 더 안쓰럽고 가여워
이 밤의 어둠보다
더 짙은 슬픔에 잠겨있다.

보고프고 보고픈 미야!
그립고 그리운 나의 미야!

한숨과 한탄으로 못난 날 탓하며
이 밤,
눈물로 그대 생각에 잠 못 이룬다.
끝내 잠들지 못한다.

44일째 (24.5.27.월)

미야!
가장 손쉽게 할 수 있는 음식
라면을 끓인다.
냉동고에 있던 가래떡도 조금 넣고.

미야가 있었으면
떡국이나 수제비를 해 먹자고 했을 텐데.

처음엔 나도 미야가 좋아하던
떡국을 끓일까 하고 조리를 시작하려는데
어떻게 만드는지 아는 게 없더군.
미야가 손쉽게 해주던 생각만 하고….

차려진 음식만 먹어서 그렇구나…
나 혼자서 참 어처구니없어 했네.

당신은 아플 때도 감정이 상했을 때도
음식 조리를 하지 않거나
내게 미루지 않았지.
어설픈 내가 괜히 하다가

다치던지 사고 낸다고 하며.

당신 없이 지낼수록
당신의 빈자리가 점점 커 져가고
당신의 존중과 배려가
가슴을 먹먹하게 하네.

내 생애에서
정말 기쁘고 제일 빛나며 가장 행복했던
그때는,

언제나 당신과 함께였음을.
늘 내 곁에 당신이 있었음이라!

45일째 (24.5.28.화)

오늘도
바쁜 마음 달래며 한달음에 달려온
당신의 담벽

이글거리는 아침 햇살에
마주 보는 두 얼굴에
땀방울이 샘솟듯 솟아 난다.

양산도 잘 쓰지 않는 당신,
너무 뜨겁지?

내가 당신 손에 쥐여 준
국화꽃 그늘에서라도
햇볕을 피했으면 좋겠는데…

미야!
사시사철 푸른 나무 사이로
시원한 바람 솔솔 불고
맑은 공기 가득한 동산에

당신 좋아하는
각양각색의 수 놓은 듯이
야생화가 만발하는
쉴 만한 보금자리를 찾으면

산청에서처럼 우리 둘만이
1년 365일을 하루같이 함께 지내자
여름엔 당신의 그늘이 되고
겨울엔 따뜻한 솜이불이 되어
늘 당신 옆에서
당신 생각만 하면서 같이 있을게.

그때까지만
당신께 바치는 이 소박한 꽃 그림자로
송골송골 땀 맺힌 얼굴 식히며
작은 위안을 삼았으면 …

46일째 (24.5.29.수)

분분한 낙화
꽃은 지고 나면 다시 피지만

외로이 떠난
그대는 언제 다시 오려나?

떠나던 그 봄날이 오면
시간만 저 혼자 떠나고
그대,
꽃같이 다시 피어나려나?

기별도 없고
응답도 없는
그대와의 해후

기다리고 기다리면
그날을 맞을 수 있을까?

아니,
내 목숨이 다하는 그 날에

정녕 다시 볼 수 있으려나?

47일째 (24.5.30.목)

당신이 떠난 자리에서
바람이 분다.
바람의 물결이 파도치듯
내 가슴에 밀려와 부서진다.

갈피를 못 잡고
흩날리는 수많은 기억들!

이리저리 쓸려 다니며
막다른 골목 끝에서
생채기를 내며 나뒹군다.

흩어졌던 바람이,
바람에 부딪혀 되돌아온다.

당신일까?
숨 막혀 고개도 돌리지 못하는데
내 사랑의 애잔한 숨결이
귓가에 와 닿는다.

보고 싶고 만지고 싶은
생생한 감정들이
활화산처럼 가슴을 찢으며 분출되고

가누지 못하는 그리움도
벌겋게 달아오른
욕망을 어쩌지 못해

심연의 바다에 닿은 용암같이
시뻘건 지옥 불 되어
목놓아 울부짖는다.

48일째 (24.5.31.금)

미야!
새벽 산책 가는 온천천 공원길 입구에 있는
만어산장이 오늘에서야 눈에 띄네.
'아! 여기 있었구나' 했다.

우리 히말라야 트레킹 준비한다고
미야 등산화를 새로 구입한 곳이 여기잖아!
험준한 트레킹 코스에 맞는 등산화로
좀 둔탁할 거라 예상했는데
신은 모습을 보니까 전분 산악인 모델이있지.
참 잘 어울렸지!

히말라야 가기 전 그 등산화를
발에 편하게 맞춰놓으려고

제주도 올레길을 시작으로
한라산 돈내코코스, 관음사코스, 영실코스,
성판악코스 등을 두루 다니고

또 지리산 곳곳에서 천왕봉을 몇 번이나
오르고 설악산, 속리산, 오대산 등등

우리나라 100대 명산을 찾아
두루두루 다녔었는데

가슴을 쥐어뜯도록 몸서리쳐지는
천추의 한이 되는 악마 같은 병이
히말라야 도전 직전에 찾아와

우리 두 사람의 버킷리스트를
포기할 수밖에 없게 했지.

그립고 그립고 또 그리운 사람아!

산책길에서 만난 당신의 단상으로
이 아침 어찌할 바 모르게
당신이 너무 보고 싶다.

당신을 향한 이 사랑이
미칠 것 같은 슬픔으로
당신의 빈자리를 채우고 있음을
당신은 알지 못하리!

가슴을 부여잡는 이 슬픔을
견뎌내는 이 하루가 얼마나 힘든지
당신은 정녕 알지 못하리!

49일째 (24.6.1토)

안녕 내 사랑
안녕 내 소중한 사람아

당신이 떠나고
비어 버린
내 가슴

술 한잔의 낭만과
진한 감동
뜨거운 열정과
사랑의 기쁨

이 모든 것들이
한순간에 사라져버린
아픈 가슴만이 남았네.

당신을 잃어버리고
차갑게 굳어버린
내 마음

뜨거운 입맞춤과

환한 미소
따스한 위로와
벅찬 환희

이 모든 것들이
어느새 까맣게 잊혀져
아련한 추억으로만 남았네.

당신이 가버리고
쓸쓸하게 남겨진
못다 한 말

그대를 향한 내 마음
세상을 아름답게 하는 한마디
'사랑해!'

아, 다시는 세상에 있지 않을
이름마저도 잊혀져 버린 것들이여!
안녕!

그대와 함께 모든 것들을
앗아간 운명이여!
안녕!
안녕!

50일째 (24.6.2.일)

미야!
한때 우리 둘이 즐겨 먹던 삼겹살 구이가
생각나 배달 앱을 통해 시켰는데
이 구이 한 점이 건네주는
우리들의 이야기야.

미야는 음식 중에서
반찬류로는 생선구이를 으뜸으로,
밥에서는 국수 같은 면 종류나
비빔밥을 좋아했었는데,

내가 쇠고기와 삼겹살 구이를 좋아하니까
날 따라 같이 먹게 되면서
그 후로는 우리 둘이 함께 즐겨 먹게 되었지.
소주 한 잔도 곁들이면서.

거제동 청구아파트로 이사하고 나서
우리 자주 갔던 시청 뒤편에 있는
봉계숯불갈비집 기억나지?
내 퇴근 시간에 맞춰 청과시장 마을버스

정류장에서 만나
자주 갈 때는 일주일에 두세 번도 가서
단골손님이라고 서비스도 받곤 했지.

국내 여행을 하거나 산행 후에는
필수 코스로 삼겹살집에 들러
피로도 풀고 여행의 즐거운 기분을
만끽하곤 했지.

그래, 지리산 온천에 갔을 때
멧돼지 구이 생각나지?
질겨도 너무 질겨
배는 너무 고픈데도 우리 못 먹었던 거.

또 승호랑 무주에서 종일 스키 타고
저녁 먹으러 갔던 남원 삼겹살집의
왜? 누에 닮았다는 뿌리채소인
초석잠 장아찌와 함께 먹었던 삼겹살 구이!
그날 우리 아마도 많이 과식했을걸?
그래도, 내 생각에는 그중 미야가
제일 좋아했던 삼겹살은
제주 생고기 오겹살과 함께 나온
젓국장을 끓여 거기에 푹 찍어 먹는 구이로

고소함이 비길 데가 없었던 것 같네.

그렇게 좋아하던 삼겹살 구이도
내 혈압 건강에 안 좋다는 의사의 말에
그때부터는 잘 먹지도 못하는 생선회를
먹자며 거제시장 은화횟집 단골이 된
우리 미야 마음 씀씀이는
자신보다 더 나를 위해 애쓴
당신의 착한 마음을 생각나게 하네.

미야 지금도 고마워!

그렇게 언제나 마주 앉아
사소한 가십거리뿐 아니라 사회적 이슈와
뉴스를 주제로 대화하면서
쓴 소주, 달콤한 와인 한잔할 때마다
꼭 함께 쨍하고 잔을 부딪치던

아! 이 세상에서 가장 막역한 사람이여!
내 인생의 영원한 동반자여!

당신의 웃음 짓는 사랑스런 눈길을,
나를 위한 따뜻한 마음을,

마음을 달래주는 당신의 공감,
한결같은 애정 어린 격려를
이제, 영영 다시는 보고 느낄 수 없으리!

당신 없이 홀로
차디찬 현실과 마주 앉은 이 막막한 설움!
이제 어디서 달랠 수 있으랴!

외롭고 힘겨워
외마디 비명이 절로 터지네.

51일째 (24.6.3.월)

검은 먹구름이 사방을 뒤덮고
쏟아지는 빗속에 갇혀
그대를 마주 본다.

그대 빗속에서도 옷 젖지 않지만
흐르는 눈물은 감추지 못하네

이대로 선 채로 굳어
영영 움직이지 못한다 해도

빗물에 녹아내리는 석회암이
아름다운 종유석 되는 그날에도
그대 얼굴 바라보며

멈추지 않고 부는 비바람에 풍화되어
먼지로 흩어지는 그 날에도
그댈 보겠네

52일째 (24.6.4.화)

미야!

당신이 너무 보고 싶은데
가슴에 아려 오는 통증이 너무 심해
보지 못했던 앨범 속의 당신 모습.

참고 참다가
희망을 꿈꾸던 산청에서의
당신 사진을 찾아보는데

눈물이 쉼 없이 흐르고
가슴이 찢어지는 한으로
당신 얼굴 제대로 보지도 못하고 덮고 만다.

그리운 당신 얼굴
보고 싶은 당신 모습

마음속으로 그려 쳐다보니
끝도 모르게 이어지는
당신의 영상들.

무수한 기억들.

그 끝에
헤어날 길 없이 떠오르는
하나의 상념.

너무도 힘들어
기억조차도 참을 수 없는

당신과의 작별의 순간.
당신이 날 부르는 모습.

오열한다.
터지는 울음 참지 못하고 오열한다.
마지막 상념에 꼭꼭 묶여 발버둥 친다.
쓰러지고 또 넘어진다.

무릎 꿇고 절망한다.

그녀에게 평안의 은총을 주소서!
저에게 평화의 은혜를 베푸소서!

53일째 (24.6.5.수)

내가 당신이 떠난 지금
이렇게 더 애틋하고 연연해하는 것은
우리 같이 살아 온 짧지 않은 세월 동안
당신은 늘 한결같았음입니다.

올곧게 살아온 당신을
어떻게 잊겠습니까?
밉기도 미웠을 그런 나를 위해서
참음과 사랑으로 대해 준,
착하고 올바른 심성으로 일생을 살아온
당신을!

내 이제라도
당신을 흠모하여 추모하는 것이
어찌 마땅하지 않겠습니까?

당신을 위한 것이
내 스스로를 위로하는 것이지만

우리가 함께 살았던 삶을 기억하고

당신이 떠나고 홀로 남겨진
내 슬픈 마음을

아름다운 당신 이름 석 자 밑에
새기는 것으로

이제야 깨달은
내 사랑을 당신께 전합니다.

당신을 영원히 사랑합니다.

54일째 (24.6.6.목)

미야! 미야! 미야!
가위 눌린가 봐?
이 악몽에서 벗어나게
나 좀 깨워줘!

제발, 미야!
꿈이라고!
무서운 꿈을 꿨다고.
나 좀 흔들어 정신 차리게 좀 해줘!

미야!
꿈이 너무 생생해!
현실 인지 분간할 수 없어.

이제 그만 일어나!
일어나라고!
큰 소리로 내 귀에 외쳐 줘!

제 발 미 야!
이 제 그 만.
나 좀 깨 워 줘!

55일째 (24.6.7.금)

미야!
오늘 하루도 수백 수천 번 그대 생각에
어떤 것도 손에 잡히지 않는다.

금방이라도 주저앉아
다시는 일어설 수 없을 것 같다.
그러다 차라리 드러누워
무심한 하늘만 바라보다 눈감고 싶다.

이 세상에서
오직 빈 자리 하나,
그대 아닌가?

세상은 그들끼리의 굿판!
온갖 어려움을 초인적으로 버텨낸
미야만 안타깝게 떠난 것 아닌가?

참으로 한스럽다.
울컥울컥 울화가 가슴을 친다.

끝없는 인내와 꺾이지 않는 의지도
오직 한 가지 간절한 기도도

그대를
눈물로 떠나보낼 수밖에 없었는지?
그대는
떠날 수밖에 없었는지?

왜입니까?
주여!
주의 뜻입니까?

뜻대로 하소서!
뜻대로 하소서…

56일째 (24.6.8.토)

그날
오늘, 그날과 같이 돌아오는 길에
비가 내린다.

못다 한 그대의 생,
못다 한 그대의 사랑,
그대 가는 마지막 길에
억수 같이 비를 뿌렸네.

그대 눈물 기억하라고.
그대 아픈 사랑,
그대 못다 한 노래 잊지 말라고.

그대 끝내지 못한 추억
어둠에 두지 말라고
그대 끝내 못다 피운 인연
끊지 말라고

돌아서는 그대 뒤로
끝내 터져 버린 시퍼런 울음.

하염없이 비가 내리고
하염없이 눈물이 흐르고
비는 멈추지 않는다.

57일째 (24.6.9.일)

미야!

나의 미야!

우리 미야!

아내여!

하루에도 수백 번씩 당신 이름을 부르고

마음속에서는

하루 수천 번씩 당신 이름을 외우고

매일

그대 앞에 서서

날 불러주길,

대답해주길 기다리며

그렇게 그댈 부른다.

귀찮지?

귀가 많이 간지럽지?

아내여!

대답해줘.

잘 있다고.

행복하다고.

아프지 않다고…

오늘도

그댈 부르고

그대만 바라본다.

58일째 (24.6.10.월)

당신이 떠나고
매일 고백합니다
행복하고 행복했다고

당신이 떠나고
매일 참회합니다
고맙다고 미안하다고 용서하라고

당신이 떠나고
매일 기도합니다
사랑한다고 영원히 사랑한다고

59일째 (24.6.11.화)

그대 없이
세상을 산다는 것은

힘 빠진
짐승처럼
외로운 신세

날개 잃은
수리 마냥
참혹한 신세

머물 곳 없는
나그네 같은
처량한 신세

갈 곳 모르는
아이 마냥
두려움에 떠는 신세

60일째 (24.6.12.수)

'베토벤 사일런스',
깊이를 알 수 없는 비장함이
촉촉이 베어 있는
단조로운 곡이 끊임없이 이어지면

그대,
깊은 침묵 속에서
상념에 잠겨 듣곤 하던 모습이
가슴 시리게 떠오르고

이별,
무한 반복되는 곡의 마지막 쉼표에서
깊은 여운을 남겨 놓은 체
적막만이 흘러
나만 홀로 심연 속에 남겨지면

슬픔,
그대도 음악도 떠나고
폐허가 된 기억의 파편 속에서
외로움만이 절망한 체

제 스스로 가슴에 비수를 꽂고 꽂으며
꺼이꺼이 울음을 삼킨다.

61일째 (24.6.13.목)

세상 인연 다 끊고
세상 물정 다 잊고
세상 행복 다 잃고
세상 기쁨 다 떠나

찾아오는 이 없이
반겨 주는 이 없이
마중 가는 이 없이
기다려주는 이 없이

운명을 체념하고
만남과 작별하고
미움도 끝나고
슬픔만 슬픔만 있고

오직 그대
그리워

내 인생
뒤돌아 후회하며

그만 내려놓기.

62일째 (2024.6.14.금)

영원한 사랑
그대 앞에 서면

한 줌 재 될
희로애락 부질없다

앙상한 몰골의
슬픔만이

사랑하는 사람을
위해
기꺼이 목숨을 걸고

그리움도
회한도
시간마저도

어찌할 바 몰라
말없이
그댈 지켜보기만 하네

하염없이
하염없이.

63일째 (24.6.15.토)

해는 이미 졌는데
갈수록 짙어지는 당신의 그림자

한 치 밖도 보이지 않는
그림자만 밟고선 나는

당신의 모습을 찾아
어둔 허공만 두리번거릴 뿐

당신은
긴 그림자 끌고
어디로 가는지
어디 서 있는지 보이지 않는다

64일째 (24.6.16.일)

아름다운 꿈을 가진 그녀는
햇빛 속의 정원을 거닐다가
어떻게 할 수 없이
참 아픈 삶을 살았구나
맑디맑은 정신만이
올곧은 그녀를 지탱해 줬구나.

반짝이는 생명의 정수를 가진 그녀는
정직한 삶을 온몸으로 가꾸고
끈질기게 생을 놓지 않았건만
그녀의 마지막 기도는
'하나님 감사합니다'
부르심에 순종하였구나.

65일째 (24.6.17.월)

그대는 알았을까?
그대 없는 이 허무의 세상을
견뎌낼 수 없을 거라는 걸

그대는 알았을까?
그대 없는 이 헛된 삶을
살아갈 수 없을 거라는 걸

그대는 알았을까?
그대 없는 이 세계의 종말을
돌이킬 수 없다는 걸

그대는 알았을까?
그대 없는 이 지옥을
영원히 벗어날 수 없다는걸

66일째 (24.6.18.화)

이른 아침
뛰어서 간 동래 온천장.

미야!
우리 코로나가 극심한 시기를 빼고는
매주 한 번씩은 들렀던 온천장.

허심청, 천일탕, 녹천탕을 번갈아 가며
온천을 즐겼는데,
겨울 아침엔 어느 곳 할 데 없이
줄 서지 않으면 안 돼서
줄서기 싫어하는 나 때문에
새벽 눈 뜨자마자 오곤 했지.

코로나19 시대엔 우리도
발길을 끊었는데
결국 천일탕은 없어졌네.

온천장길 걸어 나오며
마주하는 간판들.

문턱 닳게 다녔던 금수복국,
미야 신발 없어진 삼대추어탕,
멸치 육수가 깔끔한 원조칼국수,
가자미 물회가 맛있었던 깃발집,
미야 생일날 승호가 예약한 봉식당,

마주치는 상점마다 거리마다
쌓이고 각인된 우리 추억들이
나를 미치도록 슬프게 하고

당신이 더더욱 그리운 이 아침
하염없이 흐르는 눈물만이
당신을 껴안고
당신에게 입맞춤하네.

이렇게, 추억만이 덩그러니 놓인
하루가 오고
참고 견뎌내야 하는
또 하루가
벌써 지치고 서글플 뿐이네.

67일째 (24.6.19.수)

미야 앞에 있는 추모 사진을 보고 있으면,
미야!
우리 둘만이 아는 대화를
다리가 아프도록 계속하게 되고
수많은 장면들이 영화처럼 회상되네

그중에
미야가 붉은 채광에 휩싸여
하늘의 밝은 빛을 향해 있는 이 사진은
미국 서부 4대 캐년의 하나인
안텔로프 캐년이지?

인디안 보호구역 안 지하에 숨겨진
그 비경에 탄성이 절로 나오는
신비한 동굴
그 빛이 오묘해
우리 둘 다 '참 인생 동굴이다' 했었지
내 핸드폰 바탕 화면으로 깔린
같은 사진을 보고
미야도 색이 참 예쁘다고 했었는데

기억나지?

그때 함께 본 또 다른 캐년,
그랜드 캐년의 헬리콥터 탑승 이야기는
빼놓을 수 없는 추억이지.

육교며 흔들다리도 제대로 못 건너는
미야가 발아래 투명창이 있는
조종석 옆자리에 앉아 하늘을 날다니?
정말 몇 번을
이야기해도 지겹지 않지?

그 무섬증을 조종사의 격려와
우리 미야의 입담으로 서늘한 간담을
잠재우지 못했다면
굽이치는 멋진 콜로라도강을
제대로 볼 수도 없었겠지?

그때 미국 여행에서
식사 때마다 자리를 함께한
서울에서 온 부부도 빼놓을 수 없지?
매일 식사 때마다 같이 앉아
소맥 폭탄주며 와인, 위스키까지

참 우리도 대단했지!
나중엔 서로 호텔 방을 방문해
밤늦도록 여행의 회포를 풀기까지.

미국 동부에서는 나이아가라 폭포가
가장 인상적이었던 같아.
빨간 우의는 미국, 파란 우의는 캐나다에서
출발한 사람들이었지 아마?

돌아오는 항공편에서는
우리 둘이 떨어진 좌석으로 예약되어
장장 11시간이나 생이별할 뻔했는데
어렵게 좌석을 바꿔준 미국 공항 직원도
생각나네.

이렇게 한 가지 이야기만 해도
어디까지 이어질지 모르는데,
정말 함께한 우리들의 이야기는
한도 끝도 없겠지!

미야!

우리가 떨어져

가슴 터지도록 애타는 이 이별도
다시 만날
또 한편의 이야기임을…

끝이 없는
우리들의 이야기는 이어지고
계속될 것임을…

68일째 (24.6.20.목)

오늘은 4명이 함께 찍은 가족사진 속의
미야를 정말 오랫동안 봤어.

스페인 다녀와서
우리 둘이 다시 한번 해외로 가면
같이 팔짱끼고, 어깨동무하는
둘만의 사진을 남기려고
무선 촬영 삼각대를 준비했는데,

끝내는 가족사진만 남겨 놓고는
내 사랑 미야는
그 모습을 찾을 수 없네

당신을 볼 순 없지만
그래도 여기 서 있는 이 시간이
하루 중 제일 마음이 편해
미야가 있다고 느껴져서 그런가?

여기를 떠나면
나는 다시 무의미한 시간을

견뎌내고 있을 뿐이지

날 보고 웃고 있는 나의 천사여
언제나 날 보듬고
행복하게 해줘서 고마워!

사랑해 미야!

69일째 (24.6.21.금)

살아 있다고 다 산다고 할 수 없지?

숨 쉰다고,
눈 떠 있다고,
먹고 마신다고,
소리 낸다고,
움직인다고.

미야!
당신 없는
지독한 외로움과
비현실적인 일상을 견뎌낸
또 하루지만

살아있다고
다 산다고는 할 수 없잖아?

70일째 (24.6.22.토)

국화 꽃잎에도 잎새에도
방울방울 빗방울이 맺히고
사진 속 웃고 있는 미야 얼굴에도
빗방울이 흐른다.
닦아줘도 닦아내도 다시 흐른다.

그칠 줄 모르는 빗속에서
너를 꼭 껴안는다.
네가 젖지 않았으면 하고
감기라도 걸리면 안 된다 하고

빗줄기는 점점 더 굵어지고
너도나도 비에 흠뻑 젖어 드는데

촉촉이 젖은 너의 머리카락에선
싱그런 샴푸 향이 스치듯 남아 있고
차가운 빗물이 흘러내리는
너의 목과 어깨에선
가시지 않은 온기가 따스하다.
아직도

미야
널 떠나지 못해
널 보내지 못해

나는 네가 되어 비에 젖는다
온통 비에 젖는다
그냥 비가 된다
국화 꽃잎에 매달린 빗방울이 된다.

71일째 (24.6.23.일)

당신은 알고 있었습니까
내가 어두운 밤을 지새며
얼마나 간절히 기도하고 있었는지

당신은 알았습니까
내가 이렇게 눈물이 많은지

당신은 느꼈습니까
내가 당신을 내 목숨과 바꾸고 싶게
사랑하고 있었는지

당신은 듣고 있습니까
내가 보고 싶은 당신을
헤아릴 수 없이 애타게 부르고 있는지

당신은 보고 있었습니까
내가 온 힘을 다해
당신을 향해 뛰어가던 모습을

당신은 기억하고 계십니까

내가 가벼운 당신을 꼭 껴안고 하던
그 뜨거웠던 입맞춤을

72일째 (24.6.24.월)

내가 매일 그녀를 위해
아파하고 눈물 흘리는 것은

미리 그녀가 떠날 것을
염려하지 않은 것은 아니었지만

미련한 사람이
신의 가호만 애타게 기다리다가
그녀가 떠나고 나서야

예리한 칼날이 그어놓은
이별의 아픔에
못 견뎌 하는 것이지

보통 사람들의 인생이면 그냥 찾아오는
주름진 이마에 흰 머리카락 성성한
노부부가 되면
우리 두 손 꼭 잡고 걸어가자는

이 평범한 꿈을

생의 한가운데서 놓치고만
가슴 아린 안타까움이
그녀를 연민하는 까닭이고

3월의 따사로운 햇볕을 닮은 온기로
한스러울 만큼 못나고 미운 사람을
기다려주고 보듬고 함께 사랑해 준
사람 향기 풋풋한 그녀를

변덕스런 4월의 꽃샘추위 속
악마 같은 그 매서운 칼바람에
참담하게 꺾여진
아픈 그녀의 운명을

지극한 슬픔으로
애도하지 않을 수 없는 이유이며

그녀의 성품을 관통하는 올곧음은
한겨울 흰 눈을 이고
붉게 핀 동백과 같고

흰 눈밭의 앞선 발자국과 같이
사람다운 사람으로

그런 사람 또 없을
어여쁜 사람일진대

그런 그녀와 함께 살아온 시간이
너무도 행복했건만
그 아름다움을 채 꽃 피우기도 전에
일찍 여의고만 회한이

내 가슴 깊이
비통하지 않을 수 없는 까닭이지

73일째 (24.6.25.화)

당신을 잃고
낯선 사막을 걸어가듯 살아가는
황폐해진 오늘은
숨쉬기조차 힘겹다

끝도 없이
점점 더 깊은 모래 속으로 파묻혀 가는
막막한 미래는
고개 들어 볼 힘조차 버겁다.

남은 이 이후의 세상을
오롯이 버텨야 한다면
침묵 속 수행자의 간절함으로
당신을 염원하며
세월을 기다리는 수밖에

시작도 있었으니 끝도 있을 것
당신을 잃은 슬픔
그 통곡의 막다른 벽에 다다르면

나도 잃고
그제서야
당신을 찾을 수 있을까?

74일째 (24.6.26.수)

내 사랑
미야!
그대를 나지막이 불러본다.

고개를 돌려 돌아보는
어여쁜 사람아!

고즈넉한 당신의 어깨에 기대어
도란도란 우리들의 이야기를
한없이 이어가는,

아늑한 당신의 품에 안기어
행복했던 순간들을 기억하며
단꿈에 빠져드는,

따스한 당신의 손을 잡고
한적한 오솔길을 걸어
단란한 우리 집으로 돌아가는,

아, 그대
내게로 다시 와 주길!

75일째 (24.6.27.목)

오늘 당신을 추모하는
컬렉션 룸을 만들기 위하여

미야가 수작업으로 만들어
복도 수납장에 보관하던 가방이며
손뜨개 옷 등을
전시할 진열장과

사진과 소품 등을 놓을 선반,
당신이 쓰던 도구 등을 보관할
유리 탁자와 책장을 들여놓았지

몇 가지 생각 나는 구상대로
두어 칸을 채워 봤는데
보기에 그럴 듯하네

당신의 손때 묻은 그대로
넣어둔 소지품도 그 자리에 둔 채
작품을 전시해 볼 생각이야

정말, 당신이 있을 때 이렇게 했더라면
당신이 얼마나 좋아 했을까?
당신이 좋아하는 모습이 눈에 선하여
더 가슴이 미어진다.

미야
정말 미안해!

가슴 아프도록 후회되고
뭐 하나 제대로 해준 것이 없는
못난 내 자신이 너무 한스럽다.

그리고,
우리들의 특별했던 여행과 산행,
기억하려고 그때그때 기록해 두었던
자료들을 한데 모으고,
저장되어 있는 사진도 함께 편집해
모음책도 만들 생각이야.

또, 사랑하는 당신을 잃고
하루하루 쓴 나의 고백과
그리움으로 쓴 시와 에세이를
당신 작품 옆에 같이 두려고 해.

당신의 예쁘고 정성스런 손길로
그리고 깁고 뜨개질하고 만들고 수 놓던
그 고즈넉한 모습이
너무도 그리운 날

내 가슴속 간직하던
고요하고 정갈한 기품의
초상화를 꺼내놓고

세상에 다시 없을
그런, 아름다운 당신을 쳐다본다.

조용히 오랫동안.

사랑해!

76일째 (24.6.28.금)

미야!

미야가 만든 가방과
손뜨개 옷을 정리하면서
가방 하나하나,
내 손뜨개 옷 하나하나마다
세심한 손길과
한없이 정성을 다한 사연들이
자꾸만 생각나네

손뜨개 옷은
우리 결혼해 처음 살았던
서전기아타운에서
내 겨울 목티 뜨개옷을 만든다고
연일시장 가는 길에 있던 뜨개방에
다니면서 처음으로 떠줬었지

당신 옷에는 관심 없고
내 옷만 몇 벌인가 만들다가
마음에 안 든다고

더 예쁘게 떠주고 싶다면서
손뜨개 전문 사범 자격증을
서울까지 가서 시험을 치러 취득했었지

옷 한 벌 뜰 때마다 취향이 바뀌는
까탈스런 내 요구사항에 다 맞춰주고
심지어는 영화 007을 보고 나서
제임스 본드가 입은 가디건이 멋지다고
그 손뜨개 옷도 만들어 줬었지.

정말 마음에 쏙 드는 뜨개옷을
많이 만들었는데
내 옷만 빼고 다 정리해 버렸지
손뜨개 방 개업도 망설였었는데…

한지공예 작품도
작은 찻상, 보관함 등 생활에 필요한 것들로
만들어 두었다가
우리가 쓰기도 하고
또 예쁘다고 가져가기도 해서
지금은 한두 점만 눈에 띄네

가방은

롯데문화센터 강좌를 들으면서 시작해
동래 전문숍, 진시장 공방을 오가며
DIY 작품을 정말 많이 만들었던 것 같아

또 서양자수를 배워
찻잔 받침대며, 액자에 걸어둘 소품, 또
가방에 수를 놓아 작품을 만들기도 했지

그렇게 많았던 가방도 나눠 주고 정리해 버려
미야랑 내가 들고 다니고
우리가 여행할 때 함께 썼던 것만 남아
그 가방들로만
이번에 미야 컬렉션 룸으로 꾸몄지

손으로 만들고 작업하는 것은
무엇이든 재미있어하고
세심하고 끈질기게
열정을 담아 작품을 만들었지

기억의 나래를 따라 당신 생각하며
한 점 한 점 아주 천천히
작품들을 정리하고 있어

그 하나하나마다
어여쁜 당신의 모습이 어른거리고
따뜻한 당신의 손길이 느껴진다.

참 당신이 너무 보고 싶다!

77일째 (24.6.29.토)

그녀의 가방과 손뜨개 옷에 둘러싸인
소파에 기대앉아
그녀의 작품을 바라본다.

그녀의 마음이 가득 담기고
정성스런 손길이 닿은 작품들에서
은은히 그녀의 향기가 나고
그녀의 온기가 포근히 전해진다.

살포시 내 손을 잡는 따스한 손길,
내미는 팔베개에서 느껴지는
부드러운 살갗의 감촉,
그 아늑함에 흠뻑 취해
스르르 그녀의 품으로 빠져든다.

라디오 소리가 들리고
흐트러짐 없는 단아한
그녀의 뒷모습이 보이고

섬세한 손놀림으로

가방을 바느질하고 있는 듯
손뜨개를 하고 있는 듯

새어든 빛에 둘러싸여 있는 그녀!
밝은 빛으로 시려운 눈 감은 새에
이내 모습을 감추었네.

그녀가 작품들 속에 숨어 버린 걸까?
그녀의 세계로
내가 따라 들어간 것일까?

저 혼자 놀라
잠에서 깨어
고요한 방을 둘러본다.

그녀가 다녀간 것일까?

방은 여전히 침묵하고
작품들도 적막한 그림으로
그저 제자리만 지키고 있네.

78일째 (24.6.30.일)

스치듯 지나가는 바람에도
파르르 떨리는 하얀 국화 꽃잎

당신 없이 오들오들 떠는
스산한 내 마음이네
미야 내게로 와 줘

촛불이 바람에 일렁이며
스러졌다 다시 일어서는

흔들리는 불빛 속에서도
집에 가고 싶다던 미야
비바람 속에 있지 말고 집에 가자

79일째 (24.7.1.월)

당신이 어디에 있든
난 그대만 바라보겠네

당신이 손짓만 하면
바람같이 달려가겠네

당신이 고개 숙이면
뒤늦은 후회로 참회의 눈물 쏟겠네

당신이 눈물지으면
세상 어떤 슬픔보다
더 큰 울음 울겠네

당신이 옅은 미소라도 지으면
그대 꼭 껴안고
사랑한다고 사랑한다고
끝없이 고백하겠네

당신이 손 모아 기도하면
그 손 포개 잡고

오직 그대만을 위하여
은총을 간구하겠네

당신이 뒤돌아서면
그대 그림자 따라서라도
영원한 길 떠나겠네

80일째 (24.7.2.화)

그대 떠나고
나 홀로 무얼 하는지?

헛헛한 마음 둘 데 없어
그대 떠난 아픔만 삼키고 있네.

그대 떠난 빈자리
쓸쓸하기만 한데
언제 오려나 기약도 없네.

그대 부르는 이름
대답 없어도

죽어서 하늘에 메아리 되어
다시 그 이름 부르겠네.

그대가 남기고 간
푸르른 기억들
고이 접어

그대 다시 만날 때
풀고 풀어
망망대해에 펼쳐 놓겠네.

81일째 (24.7.3.수)

내 곁에 있었으면…
날 떠나지 않았으면…

이 부질없는 바람을
되풀이하는 것은

이 부질없음이
너무나 간절함이기 때문이다.

널 붙잡아 두기 위해,
견딜 수 없이 네가 보고 싶어서.

네가 만든 가방을 진열하고
네가 손수 뜬 뜨개옷을 걸어놓고
네가 보던 작품 책을 책꽂이에 꽂아두고
네가 쓰던 도구들도 그대로 둔 채

하릴없이 그것들만 쳐다보는
이 부질없음이

홀로 견뎌내는
나의 전부다.
나의 생애다.

82일째 (24.7.4.목)

한번 떠나면
다시는 돌아오지 않는
이별!

그 가늠할 수 없는 허망함에
이다지도 슬픈 것인가?

어렴풋한 뒷모습조차도
보이지 않고
진짜인지 의심 가는 이명조차도
들리지 않는

이 완벽한 헤어짐에
속절없이 무너지는구나.

83일째 (24.7.5.금)

당신이 내 곁에
있다는 것만으로도
행복하였네

당신의 옅은 숨소리를
듣는 것만으로도
행복하였네

당신이 그저 고개 돌려
나를 보는 것만으로도
행복하였네

당신이 무얼 하던
당신이 느껴지는 것만으로도
행복하였네

햇빛 가득 푸른 하늘에
맑은 바람 끊이지 않듯
그런 당신과 함께 있어
늘 행복하였네

84일째 (24.7.6.토)

오늘
당신 컬렉션 룸에 걸어 둘
사진을 승호가 우선 선정해 보내왔는데
눈물을 훔쳐 가며 당신을 보았네.

우리 처음 해외 여행지인
하롱베이와 앙코르 와트의 베트남과 캄보디아,

또 둘이서 가장 많이 떠올리며
이야기하곤 하던 카파도키아와
파묵칼레, 소금호수 등의 튀르키예 여행,

비가 억수같이 내리다가
갑자기 그쳐 보기 힘들다던 천지를 본
백두산 산행,

그랜드캐년, 엠파이어스테이트 빌딩,
나이아가라 폭포 등
미국 서부와 동부 여행,

승호도 시원하다고 한 마사지 천국 태국,

유학 간 승호와 함께 다닌 중국 북경 거리와
열차를 놓치고 중국 사람 다 된 승호가
꺼낸 마지막 카드로
봉고차 타고 갔다 온 만리장성.
내려오는 길에 그때 처음 꿔바루도 먹었지.

황산을 보려고 간 항주,
일생에 한 번은 봐야 한다더니
소문대로 대단한 산이었지.
아, 서호의 동파육도 생각나네.

전세 택시로 다닌 진시황릉이 있는
서안 여행.
이 여행에서 잊혀지지 않는 한 장면으로
부산 돌아가는 항공 시간에 쫓겨가며
너무 맛있게 헐레벌떡 먹었던 꼬치구이.

대륙 스케일의 엄청난 무지개를 본 낙양의
동산호텔에서
물컹한 가지 음식 안 좋아한 미야도 반했던
가지튀김 요리도 빼놓을 수 없는 이야기 중

하나겠네

가장 최근에 가족 여행으로 다녀온
스페인 여행,
사그라다 파밀리아, 알 함브라 궁전,
몬세라트 수도원 등 잊을 수 없는 곳이지

또, 누나들과 함께 다녀온
여름 온천 일본 여행 등

그리고 우리 둘의 숱한 산행 중
제법 인상에 남는 사진과

미야가 다시 한번 가고 싶어 했던
슬로시티 청산도 등 국내 여행 사진까지

이 중에서 대여섯 컷을 고르려 하니
어렵고 어려운 선택이지만
난 하나도 버리지 않고 전부 다
내 마음에 다 걸어 둘 작정이네

아, 너무나 빛나던 우리들의 시간이여!
소중한 추억들이여!

더더욱
그립고 그리운 나의 미야!

내 숨 쉬는 순간순간마다

잊을 수 없는 당신의 사랑을
행복함이 밀려드는 당신의 온기를
마음을 달래주는 당신의 미소를
포근하게 안아주는 당신의 마음을

기억하고 기억하리!

85일째 (24.7.7.일)

언제나 철부지 같아
조마조마하게 날 지켜본다고

하나에서 열까지
먼저 챙겨주고 뒤돌아 봐주던

내 마지막 때에도
손 꼭 잡아 배웅해 줄 테니
그래서 걱정하지 말라던

내 행운의 여인,
내 행복의 파랑새,
내 희망의 푸른 깃발,

당신이 먼저 떠나는 것을
속절없이 바라보았네.

당신이 미리 본 듯
그저 무작정 무턱대고 살아갈 뿐

허무함으로
내팽개쳐진 하루살이,

외로움에 힘겨워
폐허가 된 삶이 전부네

그 속에서 살아있는
오직 한 가지 염원,

꺼지지 않는 밝은 불빛
당신을 찾아 나 떠나리.

세상 어디든,
천국이나
또 다른 세상이든,
암흑이든.

그럼 그 인연 닿으리니.
다시 그 인연의 끈 이으리니.

86일째 (24.7.8.월)

기도
사랑하게 하소서
죽어서도 사랑하게 하소서

눈물
가벼운 발걸음으로 자유롭게 하소서
영원한 생명으로 아픔을 씻어 주소서

위안
늘 기억 속에서 빛나게 하소서
부르다가 죽을 이름으로 남게 하소서

기쁨
부르는 소리에 응답하게 하소서
떠날 때의 모습으로 만나게 하소서

87일째 (24.7.9.화)

울음을 운다 하염없이 운다.
울어도 울어도
주체할 수 없는 울음이다.

눈물이 마르지 않는다.
닦아지지 않는 눈물은
흐르고 흘러 강물이 된다.

통곡 소리가 하늘에 닿을까?
터져 나오는 오열을 막을 길 없어
뜨거운 화산이 되어 대지를 삼킨다.

슬픔은 낯을 가리지 않는다.
그 어떤 것도
이 슬픔을 막지 못한다.

88일째 (24.7.10.수)

오늘은
우리 둘이
우산 속에서
빗소리 듣자

애잔한 노래 같은
우리들의 이야기
끝도 없이 이어지고.

그대와 팔짱 끼고
하늘 가득
수채화 같은
빗줄기만 바라보자

마주 보며 웃어 주고
쉼 없이 흐르는
눈물도 닦아 주고.

89일째 (24.7.11.목)

그대의 얼굴을 바라보며
그대를 생각한다.

아름다운 미소를 짓는 그대
따스한 손길을 지닌 그대
올곧은 신념을 가진 그대
애틋한 인정을 나누는 그대
정직한 말도 가려 하는 그대
참고 기다려줄 줄 아는 그대
뜨거운 가슴으로 사랑하는 그대

그대를
이렇게 기억한다.

어찌 그대를
사랑하지 않을 수 있는가

90일째 (24.7.12.금)

우리에게
숙명이었던 어휘들

최선을 다해!
있는 힘껏!
할 수 있어!

눈물을 머금고.
이를 꽉 깨물고.

나아진 걸까?
이루어냈을까?

자유를 갈망한
그대 따라

뺨을 타고
흐르는 눈물.

91일째 (24.7.13.토)

단아한 그녀의
얼굴을 가만히 만진다.

이마의 머리카락을
뒤로 넘기고

흰 뺨에
갸름한 목에
엷은 미소 짓는 입술에
입맞춤한다.

잘 잤어?

그녀가 기지개를 켠다.
사랑해!

맑은 눈으로 인사한다.
사랑해!

그녀는 다시 눈을 감고

나를 껴안는다.

아늑하다
그 따뜻한 온기에
스르르 잠에 빠져든다.

달고 단 잠이다.
평안한 잠이다.

사랑해
미야

영원히!

92일째 (24.7.14.일)

깨끗한 음성
아름다운 화음
환상적인 선율을 따라
노래하던 이는 떠나고

울리는 ……
………. 짙은 여운
눈물바다

노래의 끝자락을 잡고
쉰 목소리로
듣는 이 없이 부르는 노래가
이어진다.

그 노래는
오케스트라 반주 소리에 묻히고
목소리는 잠기어 든다.

끝나지 않는 노래는
옥타브의 한계를 넘어

울음이 된다.

너무나 간절해서
너무나 부르고 싶어서

노래하리라
눈물로 노래하리라.

노래하리라
하늘에 닿을 듯
목이 터져라 노래하리라.

93일째 (24.7.15.월)

미야
'우리 꼭 함께하자' 했던 버킷리스트
히말라야 트레킹
산티아고 데 콤포스텔라 순례길
페루 마추픽추와 나스카 평원

늘 준비하고 기다려온
다섯 손가락 안에 꼽는
우리들의 버킷리스트

그곳을 찾아가 보려고 해.

둘이서

그곳에 가면
당신 손 꼭 잡고 함께 걸을 수 있겠지.

경이로운 자연
신과 인간의 경계에 선 길들을

걸으면서 탄성도 지르고
힘들어도 서로 챙기면서
이마에 송송 맺힌 땀방울도 닦아주고

청량한 물도 챙겨주고
시원한 그늘에서 쉬기도 하고

미야 미소를 쳐다보며
참 잘 왔다고
서로를 칭찬하겠지.

아 나의 꿈이여
아 허망한 바램이여

길고 긴 순례길을
험난한 히말라야 고산길을
햇볕 쨍쨍 내리 쬐는 험난한 이국의 땅을

홀로 고행의 길을
머나먼 참회의 길을
쓰디쓴 고통의 길을 걷는 거겠지.

길은

그 끝이 보이지 않고
잡초만이 무성하겠지.

미야
우리 언젠가 찾아 오겠다던
그 길
그 길 위에 서서 널 찾으면

길은 길에 연하여
다시 길로 이어지듯
우리들의 인연도
그 길에서 다시 이어지길.

그 길에서는 생과 사의 구분이 없기를
그 길에서는 자유로운 영혼들이 만나
함께 웃을 수 있기를

그 길에서는
미야
네가 나와 함께 있어 주기를

94일째 (24.7.16.화)

나 어릴 때부터
태양이 떨어지는 꿈을
자주 꾸곤 했어.

세상은 계속되는 비로 잠겨 가고
사람들이 세상 밖으로 탈출하고

난 홀로 어디론가
정처 없이 가고 있어
비를 피할 집을 찾고 있나 봐

깨고 일어나면 엄마가 옆에 계시고
깨워 일어나면 자기가 근심 어린
눈빛으로 지켜보고 있었지.

잠을 자고
꿈을 꿔도

이제 내 옆에 있어 주는 이도 없는데
나를 흔들어서 깨워주는 이도 없는데

잠 속의 잠
꿈속의 꿈

난 잠 속의 잠을 자고 있기를 기도한다.

'자기야! 나 죽는 꿈꿨어!'

영원한 내 집
당신이 있는 그곳을 찾기까지

95일째 (24.7.17.수)

당신이 없는 세상은
정말 아무것도 아니군
당신만이 그 모든 것이었군.

내가 바라보는 오직 한 사람
당신뿐이었어

그런 당신을
수 없이 기쁘게 할
그 많은 시간을 놓치고만
한 맺힌 이 후회

이겨내지 못할
외로움에 허덕이며
이제 와 더 간절히 당신을 사모하는
이 지독한 후회

일찍이
몰래 마음 아파하는 당신을 찾아
먼저 위로해 주지 못한

뒤늦은 이 후회

미안해
미야

내가 날 용서할 수 없어

당신에게 다시 또다시
용서를 구하나니

한 번의 용서가 아니라
천 번의 용서를 구하나니

부디 용서하기를

96일째 (24.7.18.목)

당신의 운명이 슬픔이었더냐
아니
나의 운명이 슬픔이었네.

이 세상에 소풍 와서
마냥 즐겁게 놀다간 시인도 있었지만

생의 마지막 즈음에
자유를 잃고 지쳐가다가
오직 하나의 소망
기도로 운명에 순종한 당신

지옥의 문턱에 서서
그런 당신을 지켜보는
슬픔의 운명이 내 것이었네.

하나님이 깜빡 조는 사이
하나님이 한눈파는 사이
당신의 운명이 결정되었을까?

당신을 잃은 이 내 운명은
어쩔 수 없는 슬픔의 운명

돌이킬 수 없는
돌이켜지지 않는
운명에

오늘도
울다가

지쳐 쓰러진다.

97일째 (24.7.19.금)

홀로
아무것도 할 수 없고
하고 싶은 것도 없이
나의 시간은
이제 멈춰 서 있다.

기나긴 영겁의 시간 속
이 찰나의 순간에

너의 모습을 본다.
음성을 듣는다
아프지만 참을 수 있었다고
힘들었지만 괜찮다고

세상 어떤 말로
널 위로할 수 있었을까
이 세상 언어가 아닌
오직 신의 말씀으로만
널 위로할 수 있을까

수천 년 수만 년 파도쳐
허물어지는 바윗돌처럼
그런 세월이 지나면
이 응어리진 가슴도
그 때 풀릴까

수 십만 년의 바람에 쓸려
파도치는 바닷가에
우뚝 선 바위 절벽처럼
빛으로 셈하는 시간이 지나면
정녕 널 볼 수 있을까

인생의 짧음을 왜 모를까
떠나는 시간이 다 다름을 왜 모를까

나타나고 사라지고 것들은
그들의 방식

그것들을 외면하고
내 육체와 영혼에
각인된 네가

점점 더 깊게
새겨지고 있기 때문이다.

98일째 (24.7.20.토)

짙푸른 녹음
맑은 공기
깨끗한 물소리와
함께 한 어제

타는 듯한 더위
강렬한 햇살
지천에 깔린 아지랑이에

빨갛게 익은 피부는
금새 허물이 벗겨지고
외마디 비명과 함께
검붉은 피 토하는 오늘

서쪽 하늘을 막고
진보라 빛 노을이 지면

숨 막히는 대지를 등지고
떠나리라

땅과 하늘이 맞닿은
흑암의 지평선 너머로
방랑자는 떠나리라

99일째 (24.7.21.일)

불어오는 바람에
인생이 흔들리고

가지를 붙잡고 선
이파리 하나
바람에 힘겨워
파르르 떨다가
떠나버리면

가여운 잎새 위에
차가운 바람 가득 안고
깃발 없는 깃대 하나 세우리

바람 부는 날
녹슬은 깃대는 휘청이다가
바람을 이기지 못해
잉잉거리며 통곡하리라

바람은 끝없이 불어오고
울음소리도 끊이지 않고

바람 같은 인생
어디서 왔다가
어디로 흩어지는지

눈물 나는 세상에
쓰디쓴 인생

잠 속에만 있는
달콤한 인생이여!

100일째 (24.7.22.월)

부산 동서울 간
고속도로

이른 새벽
도로에 나서면
차창 밖은 짙은 어둠만이 보이고
모든 것이 잠든 듯
오롯이 우리 둘만이 깨어 있는 세상

흰 눈이 흩날리는 날에도
폭우가 쏟아지는 날에도
희뿌연 안개 자욱한 날에도
추위로 꽁꽁 얼어붙은 날에도

떨리는 긴장을 애써 감추고
침묵 속 간절한 기도를
몇 번이나 되풀이하며
그 도로를 달려가고 있었지

어떤 날은

벅차오르는 희망에 들떠
하나님이 우리와 함께 계심을
감사하고 감사하였으며

어떤 날은
가슴 저미는 좌절만이 가득한 채
다정한 말도 잊고
애잔한 음악 소리도 없이 돌아왔었지

혼자서 도로를 달리는
오늘은
목적지가 어딘지
무엇 때문인지

거친 내 숨소리와
도로를 달리는 낯선 자동차 소음뿐
모든 것이 불분명하다.

희미해지는 의식 속에서도
헤드라이트에 비치는 이정표마다
컴컴한 도로에 불 켜진 휴게소마다
차창 밖 지나치는 어두운 풍경마다

끝없이 이어지는 회상
어여쁜 그대
나의 미야 나의 미야

2024.4.13.토. 12:25

권선미 그녀는 내 아내입니다.

삶을 살아가는 데 그 목표의 올바름을
‘선’이라 이름하고
목표에 이르는 그 과정의 올바름을
‘미’라고 이름 불리운 사람,
그렇게 올바르게 아름답게
56년의 세월을 살았습니다.

살아온 동안 언제나 하나님께 순종하고
그리스도 예수와 동행하기를 원했던 사람.
그녀는 공정하고 공평하였으며,
언제나 정의에 편에 섰으며
선한 일에 진심을 다하고
자신의 신념대로 올곧게 살아온 삶을
그래서 힘들면서도 행복하다 한 사람입니다.

그녀는 내게 하늘의 천사가 준 선물이었습니다.
그녀는 유일하게
세상의 시시비비를 가리지 않고

전적으로 나를 믿어준
막강한 하늘 군대 같은 사람이었으며,

언제, 어디서나, 무엇에서나,
눈을 감거나 뜨거나 가리지 않고
어느 순간에 듣지,
처음부터 끝까지,
망설이지 않는 유일한 내 편.
내 반쪽, 내 동반자인
그녀는 연인이자, 동무고 선생님이자 상담사,
그리고 해결사였습니다.

그녀는 막역한 내 술 친구고,
내 마르지 않는 돈 지갑이며
어려운 고비마다 그 순간을 헤쳐 나갈
키워드를 던져준 내 인생의 영감인 사람.
같은 곳을 바라보며 함께 웃는
미소가 예쁜 사람,
같은 프로팀을 응원하고,
우연히 스쳐 가는 장면에 똑같이 탄성을 지르는
나의 텔레파시, 나의 교감,
나의 감동 같은 사람입니다.

그런 그녀가 이별을 고합니다.
현실의 세계에서는 도저히 일어날 것 같지 않은
꿈에서 조차 생각지 않은
저 무지막지한 폭력인 죽음을 맞았습니다.

삶이 이렇게 가벼울 수 있을까
죽음이라는 이 미지의
놈의 입김에 날리우는
존재의 가벼움에
그저 망연자실할 뿐입니다.

가엾고 가여운 그녀를 바라보며
나는 내 전 생의 무게로
그녀의 입술에 입맞춤합니다.
잘가라 잘가라

이제 남겨진 나도 이름도 그 형체도 남김없이
서서히 부스러질 것입니다.
나는 내게도 이별을 고합니다.
애통하지는 않습니다.
벌써 그녀와 함께
애도의 기간을 소진했기 때문입니다.

무섭고 무서운 암 선고 후
4년 2개월 동안
기적을 기도하고 바라고 바랐건만
아픔에 아픔을 더하는 외롭고 차가운 현실에
얼마나 좌절했을까?

순간순간 심장을 파고드는
예리한 칼날에 베이는 죽음의 고통을
무슨 수로 이겨낼 수 있었으랴?
그렇게 무너지는 가슴은 어떻게 가누었을까?
무심한 눈물만 가득 차 흐릅니다.

의식의 세계에서는 누운 채
일어나 못 걷는 고통을 감내하고,
무의식의 세계에서는
병의 고통을 고름같이 짜내는 섬망의
괴로움에 아파하다가

그녀가 눈을 뜨고, 지켜보는 나를 부릅니다.
선생님! 선생님!
그렇게 의사 선생님을 부릅니다.

그녀의 고통을 이해할 수 있을까?

얼마나 살고 싶었을까?
약을 받은 시늉을 한 그녀는
그 약을 입에 넣고 또 넣고 또 털어 넣습니다.

그런 그녀가 떠나갑니다
놓고 싶지 않아도
저절로 놓이고 만 인연의 끈,
허무함에 미칠 것 같습니다.
치가 떨립니다.
먹먹한 귀로는 아무 소리도 들리지 않고
허망한 가슴으론 바람 소리만 가득합니다.

다시는 볼 수 없는 그녀,
다시는 만질 수 없는 그녀,
다시는 들을 수 없는 그녀의 음성,
아름다운 미소,
나를 바라보는 다정한 눈길,
그녀의 따스한 손길,
이제부터는 느낄 수 없습니다.

그녀를 앗아간 이 죽음의 잔인함을
저주합니다.
그녀가 버텨온 생의 이름을 걸고

이 죽음에 절대 동의할 수 없습니다.

나는 이 모든 것을 취소하고
그녀를 보내지 않겠습니다.

이 세상이 종말을 고하는 그날
생과 사의 구분이 없어지는 그날
삶과 죽음의 의미가 무의미해지는 그날
모든 경계가 처절하게 부서져 버리는 그날에

나도 그녀와 이별하겠습니다.
그날에 목놓아 통곡하겠습니다.

〈부록〉

꿈에서, 길을 잃고

잠을 잔다 남은 여생의 잠을 몰아서 잔다.
깊디 깊은 잠이다,
아니 옅고 옅은 잠이다.

깨워 일어나진 않지만,
끊이지 않는 잠꼬대로 삶과 교류 중이다.
잠은 죽음인가 삶인가?

죽음을 앞두고
죽음만을 기다리는
그 애처로운 마음을 헤아릴 수 있는가?

죽음만을 기다리지는 않겠지. 하지만
없다.
생을 찾을 수 없다.
좌절만이 끝도 보이지 않는 미로에 갇혀
덩그러니 남아 있다.

무엇을 왜 기다리는지
이해할 수 없는 시간만이
긴 침묵으로 서 있을 뿐이다.

잠에서 깨어나자 마자 물어본다.
어디냐고?
그리고는 운다. 아니라고.
아니라고 왜 내가 여기 있는지 아니라고....
걸어서 나가겠단다
걸어서 말이다. 혼자서라도 가겠단다.
따라 나오지 말란다.

운다. 눈물이 뺨에서 강물이 되어
가슴을 적신다. 흐느낌이
천갈래 만갈래로 찢어진다.

생의 배신이 가소로울 뿐이다.
죽음과 마주친다. 웃는다.

그래 가거라.

옆을 쳐다본다. 생이 거기에 있다.
전신을 물어 뜯긴 채 남겨진 생이

마지막 거친 숨을 몰아쉬고 있다.
생의 모습이 저렇던가?

움직이지 않는 두 발로 걷어찬다.
죽음이 내동댕이쳐진다.
꿈이다.
지겹다. 지겨워한다. 진심으로.
빨리 가자 한다.
가자고 가자고 큰 소리를 고래 고래 지른다.

이때만은 죽음이 움직이질 않는다.
움직이지 않는 그놈 멱살을 잡는다.
나쁜 놈.
돌아서 갈려는데 그놈이 따라온다.

길을 잃었나 보다. 어디지? 어디냐고?
오늘도 바쁜데, 할 일이 많은데.
길을 잃고 물어본다. 큰 소리로
어디냐고?
왜 여기 있냐고?

그리고

왜? 누워 있냐고...

꽃이 진 백한 개의 강

1판1쇄	2024년 11월 18일
저자	백종록
발행인	이경화
발행처	디자인21
주소	04560 서울특별시 중구 퇴계로 293-1 3층
전화	02-2269-6561(대)
팩스	02-2269-6568
e-mail	21publish@naver.com
블로그	https://blog.naver.com/publish21
홈페이지	https://21publish.co.kr
등록번호	제1-1128호
등록일자	1991.2.12
ISBN	978-89-6131-161-8 03810
정가	15,000원

©백종록, 2024

* 책 내용의 전부 또는 일부를 재사용하려면 반드시 저작권자의 서면 동의를 받아야 합니다.
* 잘못 만들어진 책은 교환하여 드립니다.